LES RECETTES PORTUGAISES
25 Recettes Traditionnelles Authentiques du Portugal

par Francisco Silva

2023 - ÉDITIONS DU MANDRILL

Le Portugal n'est peut-être pas la première destination à laquelle vous pensez pour une inspiration culinaire, pourtant, il regorge de recettes simples à réaliser et riches en saveurs. Avec ce livre, offrez à vos proches une véritable expérience gastronomique portugaise, et reconnectez-vous à vos racines familiales à travers des plats traditionnels délicieux.

À VOS TABLIERS !

Introduction	06
Entrées	08
Bolinhos de bacalhau - Beignets de morue	10
Moelas - Ragoût de gésiers	12
Pataniscas de bacalhau - Galettes de morue	14
Rissois de carne - Chaussons à la viande	16
Salada de polvo - Salade de poulpe	18
Chouriço Assado - Saucisse portugaise grillée	20
Soupes	22
Caldo Verde - Soupe choux pomme de terre	24
Canja - Soupe de poulet et de riz	26
Sopa de Pedra - Soupe de pierre	28
Açorda Alentejana - Soupe au pain	30
Caldeirada de Peixe - Soupe de poisson	32
Plats principaux	34
Arroz de Marisco - Riz aux fruits de mer	36
Bacalhau à Brás - Morue à la portugaise	38
Cataplana - Ragoût de fruits de mer	40
Cozido - Pot-au-feu portugais	42
Feijoada - Ragoût de haricots et de viande	44
Francesinha - Croque-Monsieur portugais	46
Polvo à lagareiro - Poulpe aux pommes de terre	48
Desserts	50
Aletria - Vermicelles au lait	52
Arroz doce - Riz au lait	54
Molotof - Pudding meringués au caramel	56
Pão de Ló - Gâteau portugais	58
Pastéis de Nata - Petits flans portugais	60
Rabanadas - Pain-perdu portugais	62
Tarte de amêndoas - Tarte aux amandes	62
Table des recettes	68
Crédits & Remerciements	70

Le parfum envoûtant du caldo verde, la douceur salée du bacalhau à bras, le réconfort de l'arroz de pato – ce sont des empreintes indélébiles de mon héritage culinaire portugais, encrées profondément dans ma mémoire et dans mon cœur.

Les réunions de famille, les fêtes de fin d'année, les repas du dimanche étaient tous accompagnés d'un éventail de délicieux plats portugais, du cozido à portuguesa au délicieux pastéis de nata, avec une diversité aussi vaste que le littoral portugais.

Bien que j'aie perfectionné mes compétences culinaires en France, paradis gastronomique universellement reconnu, je suis resté ancré à mes racines portugaises. C'est la nostalgie de ces racines qui m'a ramené au Portugal en 2020.

Ce livre témoigne de ce voyage gastronomique. Tout au long de ces pages, vous retrouverez des recettes portugaises traditionnelles, certaines héritées de la famille, d'autres apprises auprès de bienveillantes avós portugaises lors de mon séjour au Portugal.

Préparez-vous à imprégner votre cuisine des saveurs authentiques du Portugal. Embarquez dans cette aventure culinaire et savourez le voyage qu'est la cuisine portugaise.

Francisco Silva

ENTRÉES

BOLINHOS DE BACALHAU
Beignets de Morue

Pour **4 personnes** | Difficulté : **Moyen** | Temps de préparation : **30 min** | Temps de cuisson : **20 min**

INGRÉDIENTS :

Pour la morue et les pommes de terre :
450g de morue salée, dessalée
450g de pommes de terre, épluchées

Pour les beignets :
2 gousses d'ail, émincées
1 petit oignon, finement haché
2 gros œufs
Une poignée de persil frais, finement haché
Sel et poivre à votre convenance
Huile végétale pour la friture

1 Si la morue n'est pas dessalée, faites-la tremper dans de l'eau froide pendant 24 heures, en changeant l'eau plusieurs fois.

2 Faites cuire les pommes de terre dans une grande casserole d'eau jusqu'à ce qu'elles soient tendres.

3 Dans une autre casserole, faites cuire la morue dessalée jusqu'à ce qu'elle s'effrite facilement à la fourchette.

4 Une fois les deux ingrédients cuits et légèrement refroidis, écrasez les pommes de terre et effilochez la morue, puis mélangez-les dans un grand bol.

5 Ajoutez l'ail, l'oignon, les œufs, le persil, le sel et le poivre au bol. Mélangez bien le tout.

6 Formez de petits beignets ronds avec le mélange.

7 Chauffez l'huile dans une grande poêle et faites frire les beignets jusqu'à ce qu'ils soient dorés de tous les côtés.

8 Égouttez avec du papier absorbant et servez chaud.

 Pour une expérience authentique, servez vos Bolinhos de Bacalhau avec du riz à la tomate ou avec une simple salade verte. Vous pouvez également ajouter un filet de jus de citron sur les beignets juste avant de servir pour donner du peps.

MOELAS
Ragoût de Gésiers

Pour **4 à 6 personnes** | Difficulté : **Facile** | Temps de préparation : **15 min** | Temps de cuisson : **45 min**

INGRÉDIENTS :

450g de gésiers de poulet
1 gros oignon, haché
2 gousses d'ail, émincées
1 poivron, coupé en dés
4 tomates, coupées en dés
120ml de vin rouge

500ml de bouillon de volaille
2 cuillères à soupe d'huile d'olive
Sel et poivre selon votre goût
1 cuillère à soupe de paprika
1 bouquet de persil frais, haché

1 Nettoyez bien les gésiers et coupez-les en morceaux de taille moyenne.

2 Dans une grande casserole, faites chauffer l'huile d'olive et faites revenir l'oignon, l'ail et le poivron jusqu'à ce qu'ils soient tendres.

3 Ajoutez les gésiers dans la casserole, puis les tomates coupées en dés et mélangez bien.

4 Assaisonnez avec du sel, du poivre et du paprika.

5 Versez le vin rouge et laissez mijoter jusqu'à ce que l'alcool se soit évaporé.

6 Ajoutez le bouillon de volaille, couvrez et laissez mijoter pendant environ 45 minutes, ou jusqu'à ce que les gésiers soient tendres.

7 Saupoudrez le ragoût de persil frais avant de servir.

8 Servez chaud, idéalement avec du pain frais ou des pommes de terre à l'eau pour un repas complet.

!!! Les saveurs du moelas se décuplent avec le temps, il sera encore plus savoureux le lendemain. Ne précipitez pas la cuisson pour que les gésiers deviennent tendres et pleins de saveur.

PATANISCAS DE BACALHAU
Galettes de Morue

Pour **4 personnes** | Difficulté : **Moyen** | Temps de préparation : **20 min** | Temps de cuisson : **50 min**

INGRÉDIENTS :

450g de morue salée séchée
180g de farine
4 gros œufs
1 oignon, finement haché
2 gousses d'ail, émincées
Une poignée de persil frais, haché
Sel et poivre à votre convenance
Huile d'olive pour la friture

1 Faites tremper la morue dans de l'eau froide pendant 24 à 48 heures, en changeant l'eau plusieurs fois pour éliminer l'excès de sel.

2 Une fois dessalée, faites bouillir la morue jusqu'à ce qu'elle s'effrite. Ensuite, égouttez, retirez les arêtes et la peau, puis effilochez la chair.

3 Dans un grand bol, mélangez la morue effilochée, la farine, les œufs, l'oignon, l'ail et le persil. Assaisonnez avec du sel et du poivre.

4 Chauffez l'huile d'olive dans une poêle à feu moyen.

5 À l'aide d'une cuillère, déposez des portions du mélange de morue dans l'huile chaude, en les aplatissant légèrement.

6 Faites frire les galettes jusqu'à ce qu'elles soient dorées, en les retournant une fois.

7 Retirez les galettes de l'huile et égouttez-les sur du papier absorbant.

8 Servez les Pataniscas de Bacalhau chauds, accompagnés d'une salade verte ou comme partie d'un assortiment de fruits de mer.

 Le temps de dessalage de la morue peut varier selon son épaisseur. Goûtez la morue après le premier trempage. Si elle est encore trop salée, continuez à la faire tremper et goûtez à intervalles réguliers.

RISSÓIS DE CARNE
Chaussons à la Viande

Pour **4 personnes** | Difficulté : **Moyen** | Temps de préparation : **45 min** | Temps de cuisson : **15 min**

INGRÉDIENTS :

Pour la pâte
475ml d'eau
250g de farine
60g de beurre
Une pincée de sel

Pour la garniture
450g de viande hachée (bœuf, porc ou mix)
1 oignon, finement haché
2 gousses d'ail, émincées
15ml d'huile d'olive
Sel et poivre à votre convenance
Une pincée de noix de muscade

Pour la friture
2 œufs, battus
Chapelure, selon le besoin
Huile pour la friture

1 Dans une casserole, portez à ébullition l'eau, le beurre et le sel. Ajoutez la farine d'un seul coup et remuez vigoureusement jusqu'à obtenir une pâte. Laissez refroidir.

2 Entretemps, dans une poêle, chauffez l'huile d'olive et faites revenir l'oignon et l'ail jusqu'à ce qu'ils soient tendres. Ajoutez la viande hachée, salez et poivrz, ajoutez de la noix de muscade, et faites cuire jusqu'à ce que la viande soit bien dorée. Laissez refroidir la garniture.

3 Divisez la pâte en petits morceaux et étalez chaque morceau en un disque fin.

4 Placez une cuillère à soupe de garniture au centre de chaque disque, repliez la pâte sur la garniture et scellez les bords pour former un chausson en demi-lune.

5 Trempez chaque chausson dans les œufs battus, puis enrobez-les de chapelure.

6 Chauffez l'huile dans une poêle et faites frire les chaussons jusqu'à ce qu'ils soient dorés.

7 Égouttez les chaussons sur du papier absorbant pour enlever l'excédent d'huile.

8 Servez les Rissóis de Carne chauds ou à température ambiante.

> ‼️ Pour une version plus saine, vous pouvez cuire les rissóis de carne dans un four préchauffé à 190°C pendant 15-20 minutes ou jusqu'à ce qu'ils soient bien dorés.

SALADA DE POLVO
Salade de Poulpe

Pour **4 personnes** | Difficulté : **Moyen** | Temps de préparation : **45 min** | Temps de cuisson : **60 min**

INGRÉDIENTS :

1 poulpe de taille moyenne (environ 900g)
2 gousses d'ail, émincées
1 oignon rouge, finement tranché
2 poivrons, finement tranchés
1 bouquet de persil, finement haché
Jus d'1 citron
60ml d'huile d'olive
Sel et poivre selon votre goût

1 Nettoyez le poulpe et mettez-le dans une marmite avec suffisamment d'eau pour le couvrir. Faites bouillir jusqu'à ce qu'il soit tendre, soit environ 60 minutes.

2 Une fois le poulpe cuit, laissez-le refroidir dans son eau de cuisson.

3 Après que le poulpe ait refroidi, coupez-le en petits morceaux.

4 Dans un grand bol, mélangez le poulpe, l'ail, l'oignon, les poivrons et le persil.

5 Dans un petit bol, fouettez ensemble le jus de citron, l'huile d'olive, le sel et le poivre pour réaliser la vinaigrette.

6 Versez la vinaigrette sur la salade et mélangez bien.

7 Réfrigérez la salade pendant au moins 2 heures avant de servir, pour permettre aux saveurs de se mélanger.

8 Servez la Salade de Poulpe bien froide, avec un peu persil si vous le désirez.

!!! Pour une version plus épicée, vous pouvez ajouter des jalapeños finement hachés ou quelques gouttes de sauce piquante dans la vinaigrette.

CHOURIÇO ASSADO
Saucisse Portugaise Grillée

Pour **2 personnes** | Difficulté : **Facile** | Temps de préparation : **5 min** | Temps de cuisson : **15 min**

INGRÉDIENTS :

1 chouriço entier (environ 250g)
1 cuillère à soupe d'huile d'olive
Un filet de vin blanc (facultatif)

1. Préchauffez votre four en mode grill, ou allumez votre barbecue.

2. Si vous utilisez un «assador de barro», remplissez-le d'alcool et allumez-le.

3. Piquez légèrement le chouriço à plusieurs endroits pour éviter qu'il n'éclate.

4. Badigeonnez le chouriço avec de l'huile d'olive.

5. Placez le chouriço sur la flamme ou sur le grill. Laissez-le cuire, en le retournant de temps en temps, jusqu'à ce que l'extérieur soit croustillant et légèrement carbonisé.

6. Si vous le souhaitez, ajoutez un peu de vin blanc sur le chouriço pendant les derniers instants de la cuisson pour rehausser la saveur.

7. Retirez-le de la flamme et laissez-le refroidir légèrement.

8. Coupez-le en rondelles et servez avec du pain croustillant ou incorporez-le à votre plat préféré.

!!! Si vous ne trouvez pas de chouriço portugais traditionnel, un bon substitut est le chorizo espagnol. Pour une expérience encore plus immersive, accompagnez votre chouriço d'un vin rouge portugais corsé.

SOUPES

CALDO VERDE
Soupe de Chou et Pommes de Terre

Pour **4 personnes** | Difficulté : **Facile** | Temps de préparation : **15 min** | Temps de cuisson : **45 min**

INGRÉDIENTS :

Pour le chorizo :
250g de chorizo, coupé en fines tranches

Pour la soupe :
1L d'eau
1 kg de pommes de terre, pelées et coupées en tranches
1 oignon, émincé
2 gousses d'ail, émincées
Sel, selon le goût
4 tasses de chou vert ou chou frisé, bien tassées et hachées
2 cuillères à soupe d'huile d'olive

1 Dans une grande marmite, ajoutez l'eau, les pommes de terre, l'oignon, l'ail et le sel. Portez à ébullition, puis réduisez le feu et laissez mijoter jusqu'à ce que les pommes de terre soient tendres, environ 20 minutes.

2 À l'aide d'un mixeur ou d'un mixeur plongeant, mixez la soupe jusqu'à l'obtention d'une texture lisse. Remettez la soupe dans la marmite.

3 Ajoutez le chou vert ou le chou frisé haché à la marmite et laissez mijoter pendant 10 minutes supplémentaires, jusqu'à ce que le chou soit tendre.

4 Pendant la cuisson du chou, chauffez une poêle à feu moyen et ajoutez les tranches de chorizo. Faites cuire jusqu'à ce qu'elles soient croustillantes et réservez.

5 Incorporez l'huile d'olive à la soupe.

6 Versez la soupe dans des bols et garnissez chaque portion avec les tranches de chorizo croustillant.

7 Servez chaud avec des tranches de pain frais et croustillant à côté.

!!! Pour une version végétarienne de ce plat, omettez simplement le chorizo et ajoutez une pincée de paprika fumé à la soupe pour donner cette saveur fumée.

CANJA DE GALINHA
Soupe de Poulet et de Riz

Pour **4 personnes** | Difficulté : **Facile** | Temps de préparation : **10 min** | Temps de cuisson : **60 min**

INGRÉDIENTS :

Pour la garniture :
Quelques quartiers de citron
De la menthe fraîche hachée

Pour la soupe :
1L d'eau
450g de blanc de poulet désossé
180g de riz blanc
1 oignon, émincé
2 gousses d'ail, émincées
Sel et poivre selon le goût
1 cuillère à soupe d'huile d'olive

1 Dans une grande marmite, mélangez l'eau, le blanc de poulet, l'oignon, l'ail, le sel et le poivre. Portez à ébullition sur feu moyen-vif.

2 Réduisez le feu à doux-moyen et laissez mijoter jusqu'à ce que le poulet soit bien cuit, environ 20-30 minutes.

3 Retirez le poulet de la marmite, laissez-le refroidir, puis effilochez-le en morceaux.

4 Pendant ce temps, ajoutez le riz dans la marmite et laissez mijoter jusqu'à ce qu'il soit tendre, environ 15-20 minutes.

5 Remettez le poulet effiloché dans la marmite, incorporez l'huile d'olive et laissez mijoter encore 5-10 minutes.

6 Versez la soupe dans des bols. Garnissez de quartiers de citron et de menthe fraîche.

7 Servez chaud et dégustez votre authentique Canja de Galinha portugais !

!! Ajoutez des légumes comme des carottes ou des petits pois pour varier les saveurs. Le charme de la Canja est sa simplicité et sa facilité d'adaptation.

SOPA DE PEDRA
Soupe de Pierre

Pour **4 à 6 personnes** |Difficulté : **Moyen** | Temps de préparation : **20 min** | Temps de cuisson : **60 min**

INGRÉDIENTS :

Pour la garniture :
De la coriandre fraîchement hachée

Pour la soupe :
4 tasses (1L) d'eau
1 pierre, bien lavée

250g de poitrine de porc, coupée en dés
250g de bœuf, coupé en dés
1 saucisse fumée, tranchée
400g de haricots rouges en conserve
200g de haricots blancs en conserve
2 oignons, émincés
2 gousses d'ail, émincées
3 pommes de terre, pelées et coupées en dés
2 carottes, pelées et coupées en dés
Sel et poivre, au goût
2 cuillères à soupe d'huile d'olive

1 Dans une grande casserole, versez l'eau, ajoutez la pierre, la poitrine de porc, le bœuf, la saucisse, les oignons et l'ail. Portez à ébullition à feu moyen-vif.

2 Réduisez le feu et laissez mijoter pendant environ 30 minutes.

3 Ajoutez les pommes de terre, les carottes, les haricots rouges, les haricots blancs, salez et poivrez. Continuez à mijoter pendant 20 minutes, ou jusqu'à ce que les légumes soient tendres.

4 Incorporez l'huile d'olive et laissez mijoter pendant 10 minutes supplémentaires.

5 Servez la soupe dans des bols et garnissez de coriandre fraîchement hachée.

6 Servez chaud, n'oubliez pas d'enlever la pierre avant de manger !

 Pour une variante de la «Sopa de Pedra», vous pouvez ajouter quelques gouttes de piri-piri ou de tabasco pour donner un petit coup de fouet épicé à la soupe. Assurez-vous d'ajouter progressivement pour ajuster selon le goût de vos convives.

AÇORDA ALENTEJANA
Soupe au Pain

Pour **4 personnes** | Difficulté : **Facile** | Temps de préparation : **10 min** | Temps de cuisson : **20 min**

INGRÉDIENTS :

Pour la garniture :
Huile d'olive extra vierge
De la coriandre fraîchement hachée

Pour la soupe :
4 tasses (1L) d'eau
450g de croûtons
4 gousses d'ail, émincées
1 bouquet de coriandre, haché
4 œufs
Sel et poivre, au goût
2 cuillères à soupe d'huile d'olive

1 Dans une grande casserole, portez l'eau à ébullition à feu moyen-vif.

2 Ajoutez l'ail, la coriandre, le sel et le poivre dans la casserole. Réduisez le feu et laissez mijoter pendant environ 5 minutes.

3 Incorporez progressivement les morceaux de pain à la casserole, en remuant doucement jusqu'à ce que le pain absorbe le bouillon.

4 Cassez les œufs un à un dans la casserole, en remuant délicatement après chaque ajout. Laissez la soupe mijoter jusqu'à ce que les œufs soient cuits.

5 Intégrez l'huile d'olive et ajustez l'assaisonnement selon vos goûts.

6 Versez la soupe dans des bols. Arrosez d'huile d'olive extra vierge et garnissez de coriandre fraîchement hachée.

7 Servez chaud et dégustez votre authentique Açorda Alentejana portugaise.

!! Le pain doit idéalement être vieux de quelques jours - plus il est sec, mieux il absorbe les saveurs de la soupe. N'hésitez pas à rajouter de l'ail ou de la coriandre selon vos préférences.

CALDEIRADA DE PEIXE
Soupe de Poisson

Pour **4 à 6 personnes** | Difficulté : **Moyen** | Temps de préparation : **30 min** | Temps de cuisson : **40 min**

INGRÉDIENTS :

Environ 1kg de poissons et fruits de mer frais variés
4 pommes de terre, pelées et tranchées
2 oignons, tranchés
2 poivrons, tranchés
4 tomates, tranchées
4 gousses d'ail, émincées

500ml de vin blanc
120ml d'huile d'olive
Sel et poivre, au goût
1 bouquet de persil frais, haché

1 Dans une grande casserole, superposez les tranches d'oignons, de poivrons, de tomates et de pommes de terre.

2 Déposez le poisson et les fruits de mer sur les légumes.

3 Saupoudrez l'ail émincé, le sel, le poivre et le persil sur les fruits de mer.

4 Versez l'huile d'olive et le vin blanc sur les ingrédients.

5 Couvrez la casserole et faites mijoter à feu moyen.

6 Faites cuire pendant environ 30-40 minutes, ou jusqu'à ce que le poisson soit cuit et que les légumes soient tendres.

7 Servez le ragoût dans des bols, en veillant à ce que chaque portion ait un bon mélange de poisson, de fruits de mer et de légumes.

8 Servez chaud, accompagné de pain croustillant ou de riz pour un repas copieux.

!!! Le choix du poisson et des fruits de mer peut être adapté selon vos préférences et leur disponibilité. Une combinaison recommandée est le bar, le merlu, la lotte, les palourdes et les crevettes.

PLATS PRINCIPAUX

ARROZ DE MARISCO
Riz aux Fruits de Mer

Pour **4 personnes** | Difficulté : **Moyen** | Temps de préparation : **30 min** | Temps de cuisson : **45 min**

INGRÉDIENTS :

Fruits de mer :
250g de crevettes, décortiquées
250g de palourdes, nettoyées
250g de chair de homard

Aromates :
1 oignon, finement haché
4 gousses d'ail, émincées

Assaisonnement :
Sel et poivre, au goût
1/2 cuillère à café de filaments de safran
Persil haché pour la garniture

Base :
300g de riz à grain court
1 boîte de tomates en dés (400g)
1L de bouillon de fruits de mer
125ml de vin blanc

1 Dans une grande poêle, faites revenir l'oignon et l'ail jusqu'à ce qu'ils soient tendres.

2 Ajoutez le mélange de fruits de mer dans la poêle et faites cuire jusqu'à ce qu'ils soient juste cuits. Retirez les fruits de mer et mettez-les de côté.

3 Dans la même poêle, ajoutez le riz, les tomates en dés, le safran, le sel et le poivre. Mélangez bien.

4 Versez le bouillon de fruits de mer et le vin blanc. Laissez mijoter jusqu'à ce que le riz ait absorbé le liquide et soit tendre, en remuant de temps en temps.

5 Remettez les fruits de mer dans la poêle et mélangez-les délicatement au riz.

6 Continuez la cuisson pendant quelques minutes jusqu'à ce que tout soit bien chaud.

7 Ajustez l'assaisonnement si nécessaire.

8 Servez l'Arroz de Marisco garni de persil haché.

 Pour une version plus économique, remplacez le homard par de la chair de crabe, et les palourdes par des moules. Le curcuma peut remplacer le safran pour une saveur légèrement différente mais plus abordable.

BACALHAU À BRÁS
Morue à la Portuguaise

Pour **4 personnes** | Difficulté : **Facile** | Temps de préparation : **20 min** | Temps de cuisson : **30 min**

INGRÉDIENTS :

450g de morue salée, trempée et émiettée
2 grosses pommes de terre, tranchées finement ou coupées en fines lanières
1 oignon, finement haché
3 gousses d'ail, émincées
6 œufs
120ml d'huile d'olive
1 bouquet de persil, finement haché
Olives noires pour la garniture
Sel et poivre, au goût

1 Dans une grande poêle, chauffez l'huile d'olive et faites frire les lanières de pommes de terre jusqu'à ce qu'elles soient dorées et croustillantes. Retirez-les de la poêle et réservez.

2 Dans la même poêle, faites revenir l'oignon et l'ail jusqu'à ce qu'ils soient tendres et parfumés.

3 Ajoutez la morue émiettée à la poêle et faites cuire jusqu'à ce qu'elle soit bien chaude.

4 Dans un bol séparé, battez les œufs et assaisonnez d'une pincée de sel et de poivre.

5 Remettez les pommes de terre croustillantes dans la poêle et versez les œufs battus.

6 Remuez continuellement le mélange jusqu'à ce que les œufs soient cuits à votre convenance.

7 Retirez du feu, garnissez de persil haché et d'olives noires.

8 Servez le Bacalhau à Brás chaud, de préférence avec une simple salade verte.

> ⚠ Il est essentiel de faire tremper la morue salée dans de l'eau froide pendant au moins 24 heures, en changeant l'eau plusieurs fois, pour éliminer l'excès de sel.

CATAPLANA
Ragoût de Fruits de Mer

Pour **4 personnes** | Difficulté : **Moyen** | Temps de préparation : **20 min** | Temps de cuisson : **40 min**

INGRÉDIENTS :

450g de fruits de mer variés (moules, palourdes, crevettes)
450g de filets de poisson blanc ferme, coupés en morceaux
2 tomates, coupées en dés
1 poivron, tranché
1 oignon, finement tranché
3 gousses d'ail, émincées
120ml de vin blanc
60ml d'huile d'olive
1 cuillère à café de paprika
1 bouquet de persil frais, haché
Sel et poivre, au goût

1 Dans une cataplana ou une grande poêle profonde, chauffez l'huile d'olive, puis ajoutez l'oignon, le poivron et l'ail. Faites revenir jusqu'à ce qu'ils soient tendres.

2 Incorporez les tomates, le paprika, et une pincée de sel et de poivre, puis continuez la cuisson pendant 5 minutes supplémentaires.

3 Déposez les morceaux de poisson et les fruits de mer sur les légumes, puis versez le vin blanc.

4 Fermez la cataplana ou couvrez la poêle et laissez cuire à feu moyen pendant environ 20 minutes ou jusqu'à ce que les fruits de mer soient bien cuits.

5 Ouvrez la cataplana ou retirez le couvercle, puis saupoudrez de persil haché.

6 Servez la Cataplana bien chaude, idéalement avec du pain croustillant pour absorber la sauce savoureuse.

 Assurez-vous de bien nettoyer les fruits de mer avant de les cuire et jetez tous les fruits de mer qui ne s'ouvrent pas après la cuisson.

COZIDO
Pot-au-feu Portugais

Pour **6 personnes** | Difficulté : **Moyen** | Temps de préparation : **30 min** | Temps de cuisson : **120 min**

INGRÉDIENTS :

450g de jarret de bœuf
250g d'épaule de porc
250g de morceaux de poulet
2 saucisses portugaises (chouriço), tranchées
2 carottes, pelées et tranchées
2 navets, pelés et coupés en quartiers
2 pommes de terre, pelées et coupées en quartiers
1 chou, coupé en quartiers
Sel et poivre, au goût

1 Dans une grande marmite, placez le bœuf, le porc, et le poulet. Ajoutez suffisamment d'eau pour couvrir la viande et portez à ébullition.

2 Réduisez le feu, ajoutez le chouriço et laissez mijoter pendant 45 minutes.

3 Introduisez les carottes, les navets et les pommes de terre dans la marmite et continuez de mijoter pendant 20 minutes supplémentaires.

4 Ajoutez enfin les quartiers de chou à la marmite et faites cuire pendant 15 minutes supplémentaires, ou jusqu'à ce que tous les ingrédients soient tendres.

5 Salez et poivrez à votre convenance.

6 Servez le Cozido bien chaud, idéalement accompagné de pain portugais pour absorber le bouillon savoureux.

!! Vous pouvez remplacer le chouriço portugais par du chorizo espagnol.
Pour gérer efficacement les temps de cuisson, commencez par l'ingrédient qui prend le plus de temps à cuire et ajoutez progressivement le reste.

FEIJOADA
Ragoût de Haricots et de Viande

Pour **6 personnes** | Difficulté : **Moyen** | Temps de préparation : **30 min** | Temps de cuisson : **120 min**

INGRÉDIENTS :

450g de haricots secs, trempés toute une nuit
450g de morceaux variés de porc (côtes, ventre, et oreilles)
2 saucisses portugaises (chouriço et farinheira)
1 gros oignon, haché
2 gousses d'ail, émincées
1 boîte (400g) de tomates concassées
1L d'eau
1 cuillère à soupe d'huile d'olive
Sel et poivre, au goût

1 Dans une grande marmite, chauffez l'huile d'olive et faites revenir l'oignon et l'ail jusqu'à ce qu'ils soient tendres.

2 Ajoutez les morceaux de porc et les saucisses, et faites-les dorer légèrement.

3 Intégrez les tomates concassées et les haricots préalablement trempés à la marmite.

4 Versez l'eau, assaisonnez de sel et de poivre.

5 Portez la marmite à ébullition, puis réduisez le feu, couvrez, et laissez mijoter pendant environ 2 heures, ou jusqu'à ce que les haricots et les viandes soient tendres.

6 Vérifiez l'assaisonnement et rectifiez si nécessaire.

7 Servez votre Feijoada chaud accompagné de riz ou de pain croustillant.

!!! Pour un arôme fumé, vous pouvez ajouter un peu de paprika fumé. Le choix des viandes peut être adapté selon vos préférences (avec du bœuf ou du poulet par exemple).
Vous pouvez opter pour des haricots blancs ou rouges, et utiliser des haricots en boîte pour aller plus vite.

FRANCESINHA
Croque-Monsieur Portugais

Pour **4 personnes** | Difficulté : **Moyen** | Temps de préparation : **20 min** | Temps de cuisson : **30 min**

INGRÉDIENTS :

Pour les croques-monsieurs
8 tranches de pain
4 tranches de jambon
4 saucisses
4 petits steaks
4 tranches de fromage

Pour la sauce
1 canette de bière
1 boîte de sauce tomate
2 cuillères à soupe de cognac
1 feuille de laurier
2 gousses d'ail
Sel et poivre, au goût

1 Pour préparer les croques, superposez une tranche de pain, du jambon, une saucisse, un steak et une tranche de fromage. Couvrez d'une autre tranche de pain. Répétez l'opération pour tous les sandwiches.

2 Dans une casserole, mélangez la bière, la sauce tomate, le cognac, la feuille de laurier, l'ail, le sel et le poivre pour préparer la sauce. Laissez mijoter jusqu'à ce qu'elle épaississe légèrement.

3 Versez la sauce sur les sandwiches assemblés, en veillant à ce qu'ils soient bien recouverts.

4 Placez une tranche de fromage sur chaque sandwich.

5 Faites cuire les croques dans un four préchauffé à 180°C jusqu'à ce que le fromage soit fondu et bouillonne.

6 Servez les Francesinhas chaudes, accompagnées de frites ou d'une salade.

!! Rehaussez votre Francesinha en ajoutant une touche de sauce piquante ou un trait de vin de Porto. Utiliser différents types de fromage ou de saucisse fumée peut également apporter une nouvelle dimension à ce plat emblématique.

POLVO À LAGAREIRO
Poulpe aux Pommes de Terre

Pour **4 personnes** | Difficulté : **Moyen** | Temps de préparation : **20 min** | Temps de cuisson : **60 min**

INGRÉDIENTS :

Pour le poulpe :
1 poulpe entier (environ 900g)
4 gousses d'ail
125 ml d'huile d'olive
Sel au goût

Pour la sauce :
8 petites pommes de terre
Sel au goût
Huile d'olive pour arroser

1 Commencez par préparer le poulpe. Nettoyez-le soigneusement et laissez-le tremper dans l'eau pendant quelques heures avant la cuisson.

2 Mettez le poulpe dans une casserole avec de l'eau et une pincée de sel. Laissez cuire jusqu'à ce qu'il soit tendre, ce qui devrait prendre environ 45 minutes.

3 Pendant la cuisson du poulpe, préparez les pommes de terre. Rincez-les, saupoudrez-les de sel et faites-les cuire au four à 200°C pendant environ 40 minutes.

4 Une fois le poulpe tendre, retirez-le de la casserole et laissez-le refroidir. Coupez-le en morceaux.

5 Disposez les morceaux de poulpe et les pommes de terre cuites dans un plat allant au four. Arrosez d'huile d'olive et saupoudrez d'ail écrasé.

6 Faites cuire dans un four préchauffé à 200°C pendant 15 minutes.

7 Servez le Polvo à Lagareiro chaud, garni de persil haché, si vous le souhaitez.

!!! Assurez-vous de choisir le poulpe le plus frais possible pour obtenir les meilleurs résultats. Il doit avoir un aspect clair, presque translucide. Lors de la cuisson, utilisez une huile d'olive de bonne qualité pour une saveur optimale.

DESSERTS

ALETRIA
Vermicelles au Lait

Pour **4 à 6 personnes** | Difficulté : **Facile** | Temps de préparation : **10 min** | Temps de cuisson : **20 min**

INGRÉDIENTS :

50g de vermicelle d'ange (cassé en morceaux de 2,5 cm)
200g de sucre
1L de lait
Zeste d'1 citron
30g de beurre
3 jaunes d'œuf
Cannelle en poudre pour la garniture

1 Commencez par porter le lait à ébullition dans une casserole de taille moyenne.

2 Ajoutez les vermicelles, le zeste de citron et le beurre au lait bouillant. Remuez constamment pour éviter que cela ne colle.

3 Réduisez le feu et laissez mijoter pendant environ 10-15 minutes, ou jusqu'à ce que les vermicelles soient cuits et que le lait soit absorbé.

4 Dans un bol séparé, battez les jaunes d'œuf et ajoutez-les au mélange de vermicelles. Bien mélanger.

5 Ajoutez le sucre à la casserole et mélangez jusqu'à ce qu'il soit complètement dissous.

6 Continuez à cuire à feu doux pendant encore 5 minutes. Le mélange deviendra crémeux.

7 Retirez du feu et laissez tiédir avant de verser dans un plat de service.

8 Saupoudrez de cannelle en poudre pour garnir. Réfrigérez avant de servir.

!! L'Aletria peut être dans des ramequins individuels pour une présentation élégante. Pour une texture plus fluide, n'hésitez pas à ajouter plus de lait.

ARROZ DOCE
Riz au Lait

Pour **6 personnes** | Difficulté : **Facile** | Temps de préparation : **15 min** | Temps de cuisson : **40 min**

INGRÉDIENTS :

200g de riz à grains courts
500ml d'eau
Une pincée de sel
1L de lait entier
200g de sucre
Zeste d'un citron
1 cuillère à café d'extrait de vanille
Cannelle en poudre pour la garniture

1 Dans une grande casserole, portez l'eau à ébullition. Ajoutez le riz et une pincée de sel. Réduisez le feu et laissez mijoter jusqu'à ce que l'eau soit presque complètement absorbée.

2 Ajoutez le lait, le sucre et le zeste de citron dans la casserole. Bien mélanger.

3 Cuisez le mélange à feu doux, en remuant fréquemment, jusqu'à ce que le riz soit tendre et ait une consistance crémeuse. Cela devrait prendre environ 30 minutes.

4 Retirez du feu et incorporez l'extrait de vanille.

5 Versez le riz au lait dans un plat de service et laissez-le refroidir.

6 Une fois refroidi, garnissez le dessus de cannelle en poudre. Vous pouvez faire des motifs si vous le souhaitez.

7 Servez l'Arroz Doce frais ou à température ambiante.

!! Utilisez du riz à grains courts car il donne une consistance plus crémeuse. De plus, remuer constamment le riz pendant la cuisson est essentiel pour obtenir la texture parfaite.

MOLOTOF
Pudding Meringué au Caramel

Pour **6 personnes** | Difficulté : **Moyen** | Temps de préparation : **20 min** | Temps de cuisson : **15 min**

INGRÉDIENTS :
8 blancs d'œufs
100g de sucre
Une pincée de sel
300g de sauce caramel

1 Préchauffez votre four à 180°C.

2 Montez les blancs en neige: Dans un grand bol, battez les blancs d'œufs avec une pincée de sel jusqu'à ce qu'ils forment des pics fermes.

3 Ajoutez le sucre: Incorporez progressivement le sucre, cuillère par cuillère, tout en continuant de battre les blancs.

4 Une fois tout le sucre ajouté, continuez à battre jusqu'à ce que le mélange soit brillant et forme des pics bien fermes.

5 Versez le mélange dans un moule à kouglof préalablement enduit de sauce caramel.

6 Cuisson au bain-marie: Faites cuire le pudding dans un bain-marie pendant environ 15 minutes, ou jusqu'à ce qu'il soit ferme au toucher.

7 Laissez le Molotof refroidir complètement avant de le démouler sur un plat de service.

8 Servez le Molotof bien frais, avec un supplément de sauce caramel sur le dessus, si désiré.

 La clé d'un Molotof parfait réside dans le battage des blancs d'œufs. Ils doivent être battus jusqu'à ce qu'ils soient fermes mais pas secs. Lors de la cuisson, utilisez un bain-marie pour assurer une cuisson uniforme et douce.

PÃO DE LÓ
Gâteau Portugais

Pour **8 à 10 personnes** | Difficulté : **Moyen** | Temps de préparation : **15 min** | Temps de cuisson : **25 min**

INGRÉDIENTS :

6 gros œufs (environ 330g)
200g de sucre
125g de farine de blé type 55 (farine tout usage)
Une pincée de sel

1 Préchauffez le four à 180°C. Beurrez et farinez un moule à gâteau rond.

2 Dans un grand bol, fouettez les œufs et le sucre jusqu'à ce que le mélange soit pâle et ait doublé de volume.

3 Tamisez la farine et le sel graduellement et incorporez-les délicatement à la préparation, en veillant à ne pas laisser de grumeaux.

4 Versez la pâte dans le moule préparé, lissant le dessus à l'aide d'une spatule.

5 Cuisson : Enfournez pendant environ 25 minutes ou jusqu'à ce qu'un cure-dent inséré au centre en ressorte propre.

6 Sortez du four et laissez refroidir dans le moule pendant quelques minutes.

7 Démoulez le gâteau sur une grille et laissez-le refroidir complètement.

8 Découpez et servez le Pão de Ló avec des fruits frais, du sirop, ou selon vos préférences.

! Pour une touche supplémentaire, vous pouvez incorporer de la vanille ou du zeste de citron dans la pâte. le Pão de Ló se marie à merveille avec un filet de sauce au chocolat et/ou de la crème fouettée.

PASTÉIS DE NATA
Petits Flans Portugais

Pour **12 personnes** | Difficulté : **Moyen** | Temps de préparation : **30 min** | Temps de cuisson : **20 min**

INGRÉDIENTS :

1 feuille de pâte feuilletée (environ 230g)
300ml de lait entier
135g de sucre en poudre
30g de farine de blé type 55 (farine tout usage)
6 gros jaunes d'œufs
1 bâton de cannelle
Zeste d'1 citron
5ml d'extrait de vanille
Sucre glace et cannelle, pour la dégustation

1 Préchauffez le four à 245°C. Beurrez et farinez un moule à muffins.

2 Dans une casserole, chauffez le lait, le zeste de citron et le bâton de cannelle jusqu'à ce qu'il soit chaud mais sans ébullition.

3 Dans un autre bol, fouettez le sucre, la farine et les jaunes d'œufs. Versez progressivement le lait chaud en fouettant constamment.

4 Remettez le mélange dans la casserole et cuisez à feu moyen jusqu'à épaississement.

5 Incorporez l'extrait de vanille, puis passez au chinois pour retirer le zeste et le bâton de cannelle.

6 Étalez la pâte feuilletée et découpez-la en rondelles, puis placez chaque rondelle dans le moule à muffins.

7 Remplissez chaque tartelette de flan et enfournez pendant 15-20 minutes ou jusqu'à ce que les dessus soient caramélisés.

8 Laissez refroidir légèrement, puis saupoudrez de sucre glace et de cannelle avant de servir.

!! Pour une expérience authentique, dégustez vos Pastéis de Nata encore chauds, tout juste sortis du four. La combinaison du flan chaud et du sucre glace est simplement divine.

RABANADAS
Pain Perdu Portugais

Pour **4 personnes** | Difficulté : **Facile** | Temps de préparation : **15 min** | Temps de cuisson : **20 min**

INGRÉDIENTS :

8 tranches de pain sec (d'environ 2,5 cm d'épaisseur)
475ml de lait entier
150g de sucre en poudre, divisé
1 bâton de cannelle
Zeste d'1 citron
4 gros œufs
Huile végétale, pour la friture
5ml de cannelle en poudre, pour saupoudrer

1 Dans une casserole, mélangez le lait, 100g de sucre, le zeste de citron et le bâton de cannelle. Chauffez jusqu'à ce que le sucre soit dissous mais sans porter à ébullition. Retirez du feu et laissez refroidir.

2 Dans un plat creux, battez les œufs.

3 Faites chauffer l'huile dans une poêle à feu moyen.

4 Trempez chaque tranche de pain dans le mélange de lait, en veillant à bien imbiber les deux côtés, puis trempez dans les œufs battus.

5 Faites frire chaque tranche jusqu'à ce qu'elle soit dorée des deux côtés.

6 Mélangez le sucre restant et la cannelle en poudre. Passez les tranches de pain frites dans ce mélange.

7 Placez-les sur une assiette recouverte de papier absorbant pour éliminer l'excès d'huile.

8 Servez chaud, idéalement saupoudré de sucre glace ou arrosé de miel.

!¡! Pour sublimer vos Rabanadas, servez-les avec un assortiment de fruits rouges frais ou une boule de glace vanille. Le contraste des températures et des textures offre une dégustation inoubliable.

TARTE DE AMÊNDOAS
Tarte aux Amandes

Pour **8 personnes** | Difficulté : **Facile** | Temps de préparation : **30 min** | Temps de cuisson : **35 min**

INGREDIENTS:

1 pâte brisée prête à l'emploi
180g d'amandes émondées, finement moulues
150g de sucre en poudre
3 gros œufs
120g de beurre non salé, fondu
Zeste d'1 citron
5ml d'extrait de vanille
Une pincée de sel

1 Préchauffez le four à 190°C.

2 Placez la pâte brisée dans un moule à tarte, en appuyant bien sur les bords.

3 Dans un grand bol, mélangez les amandes moulues, le sucre, le zeste de citron et le sel.

4 Dans un autre bol, fouettez ensemble le beurre fondu, les œufs et l'extrait de vanille.

5 Incorporez progressivement les ingrédients liquides au mélange d'amandes jusqu'à obtenir une préparation homogène.

6 Versez la garniture aux amandes sur la pâte, en égalisant bien la surface.

7 Faites cuire au four préchauffé pendant environ 35 minutes, ou jusqu'à ce que le dessus soit bien doré et qu'un couteau inséré en ressorte propre.

8 Laissez refroidir, puis servez. Cette tarte se marie merveilleusement bien avec une touche de crème fouettée ou un filet de miel.

 Les amandes peuvent être légèrement torréfiées avant d'être moulues pour apporter une saveur plus prononcée. Vous pouvez également garnir la tarte avec des amandes effilées pour une touche croquante et une belle présentation.

Francisco Silva, chef français de 42 ans, a renoué avec ses origines portugaises en 2023 et est retourné dans le pays natal de ses parents.

Désormais installé à Lisbonne, Francisco exerce en tant que chef à domicile, comme un poisson dans l'eau au cœur de l'effervescence culinaire de la ville. Parallèlement à sa cuisine, Francisco est un fervent défenseur des traditions portugaises. Il anime des ateliers à «O Sabor da Memória», une initiative locale dédiée à la perpétuation de l'héritage culinaire portugais. Il contribue également à «Cuisine World», une plateforme célébrant les recettes traditionnelles du monde entier.

TABLE DES RECETTES

A
Açorda Alentejana, 30
Aletria, 52
Arroz de Marisco, 36
Arroz doce, 54

B
Bacalhau à Brás, 38
Bolinhos de bacalhau, 10
Beignets de morue, 10

C
Canja, 26
Caldeirada de Peixe, 32
Caldo verde, 24
Cataplana, 40
Chaussons à la viande, 16
Chouriço Assado, 20
Cozido, 42
Croque-Monsieur, 46

F
Feijoada, 44
Francesinha , 46

G
Galettes de morue, 14
Gâteau portugais, 58

M
Moelas, 12
Molotof , 56
Morue à la portugaise, 38

P
Pain perdu, 62
Pão de Ló, 58
Pastéis de Nata, 60
Pataniscas de bacalhau, 14
Petits flans portugais, 60
Polvo à lagareiro, 48
Pot-au-feu portugais, 42
Poulpe aux p-d-terre, 48
Pudding meringué caramel, 56

R
Rabanadas, 62
Ragoût de fruits de mer, 40
Ragoût de gésiers, 12
Ragoût haricots viande, 44
Rissois de carne, 16
Riz aux fruits de mer, 36
Riz au lait, 54

S
Salada de polvo, 18
Salade de poulpe, 18
Saussice grillée, 20
Soupe chou p-d-terre, 24
Sopa de Pedra, 28
Soupe de pierre, 28
Soupe au pain, 30
Soupe de poisson, 32
Soupe poulet riz, 26

T
Tarte aux amandes, 64
Tarte de amêndoas, 64

V
Vermicelles au lait, 52

Plus de recettes sur
cuisineworld.org

CRÉDITS & REMERCIEMENTS

Je tiens à exprimer ma profonde gratitude à ma mãe qui m'a transmis l'amour de la cuisine portugaise en enchantant mon enfance avec une variété de plats délicieux, sucrés comme salés.

Je souhaite également remercier le reste de ma famille ainsi que toute l'équipe de Cuisine World, sans qui ce livre n'aurait jamais vu le jour.

© 2023 Francisco Silva

Crédits photo :

Couverture : Xavier MP
Page 2 : Natalia Mylova - Page 4 : Nataliia Mysak - Page 6 : Olesia Bierliezova
Pages 10-12-14-16-18-20-26-28-30-32-36-3840-42-44-46-48-52-54-56-58-60-62-64 : Xavier MP
Page 24 : Marek Ziaťko - Page 66 : Vadim Vasenin - Couverture arrière : Nataliia Mysak

Printed in France by Amazon
Brétigny-sur-Orge, FR